LES
PROTESTANTS DE NÎMES

ET

LEURS PERSÉCUTEURS;

OU

RELATION CIRCONSTANCIÉE DES DERNIERS TROUBLES DE CETTE VILLE, ET CONSIDÉRATIONS GÉNÉRALES SUR LES TROUBLES DU MIDI.

Quoadusque justitia convertatur in judicium?
(Ps. XCIII. v. 15.)

PAR E. M. MASSE.

PARIS,

A LA LIBRAIRIE CONSTITUTIONNELLE DE BRISSOT-THIVARS,
rue Neuve-des-Petits-Pères, n° 3;
Et chez les Marchands de nouveautés.

Avril 1819.

DE L'IMP. DE C.-F. PATRIS.

Sous presse pour paraître incessamment. Chez BRISSOT-THIVARS.

TROIS RÈGNES DE L'HISTOIRE D'ANGLETERRE, précédés d'un précis sur la monarchie depuis la conquête, et suivi d'un tableau abrégé de la constitution et de l'administration anglaise; par M. M. S. S*****, 2 vol. in-8° de 60 feuilles.

ESSAI sur le commerce et les intérêts actuels de l'Espagne et de ses colonies; par J. A de Christophoro, d'Avalos, 1 vol. in-8°.

LES ANIMAUX PARLANTS, poëme épique en vingt-six chants; par J.-B. Casti, traduit librement de l'italien en vers français, par L. Mareschal. Avec cette épigraphe:

Ce qu'ils disent s'adresse à tous tant que nous sommes.

Cet ouvrage, imprimé sur carré fin des Vosges, en caractère cicéro neuf, formera 2 vol. in-8° de plus de 400 pages. Dire qu'il sortira des presses de M. Didot jeune, c'est assez faire l'éloge de l'exécution typographique. Le portrait de Casti, fort ressemblant, et gravé soigneusement d'après l'original, peint par le chevalier Appiani, célèbre peintre milanais, ornera le premier volume de cette édition.

LE CIMETIÈRE DE CAMPO SANTO, ou *la Calomnie*; par M. Lhomme, auteur de *l'Enfant de la révolution*, 1 vol. in-12.

Ouvrages nouveaux.

DES TROIS PROJETS DE LOI SUR LES PUBLICATIONS, par A. Cauchois-Lemaire, in-8°. 75 cent. pour Paris, et 90 cent. franc de port.

De la Propriété considérée dans ses rapports avec les droits politiques. Brochure attribuée à M. Rœderer. Prix, 75 cent. pour Paris, et 90 cent. franc de port.

De la responsabilité des ministres; par Xavier-Audouin, ancien juge au tribunal de cassation. In-8° broché, 2 fr. 50 c. pour Paris, et 3 fr. franc de port.

De la liberté de la presse et du jury dans les délits de la Presse; par J. Blanc de Volx. In-8°. Prix, 2 fr. pour Paris, et 2 fr. franc de port.

Mémoire pour A. Leblanc de Besançon, chevalier de la Légion-d'Honneur, lieutenant au 2ᵉ régiment des chasseurs à cheval de l'ex-garde impériale. In-8°. Prix, 1 fr. pour Paris, et 1 fr. 15 c. franc de port.

Notice historique et bibliographique des journaux et ouvrages périodiques publiés en 1818 et au commencement de 1819; in-8°. Prix, 1 fr. 25 c. pour Paris, et 1 fr. 50 c. franc de port.

L'Observateur des maisons de jeu; par M. Cahaisse, 1ʳᵉ, 2ᵉ et 3ᵉ livraisons, faisant trois cahiers in-8°. Prix ensemble, 5 fr. 50 c. pour Paris, et 4 fr. franc de port.

Lettre au général Gourgaud, par M. Marchand. In-8°. Prix, 1 fr. 50 c. pour Paris, et 1 fr. 75 c. franc de port.

Considérations sur les Jésuites, par Magnier. in-8°. 2 fr. 50 c. pour Paris, et 3 fr. franc de port.

LES PROTESTANTS DE NÎMES

ET

LEURS PERSÉCUTEURS.

Si, en 1815, on n'eût pas étouffé la voix courageuse qui dénonça à la tribune nationale les horreurs commises dans le midi, quelque honte eût saisi peut-être les approbateurs des crimes dont cette époque est souillée ; quelque embarras eût retenu les instigateurs, quelque crainte eût glacé peut-être le bras des exécuteurs. Mais quand l'indignation est réduite au silence, quand les victimes se taisent, quand les intrigants applaudissent, comment la roue du crime cesserait-elle de tourner dans un espace où elle ne rencontre ni frottement, ni résistance ?

Honneur à la liberté de la presse ! elle permet tôt ou tard de déchirer le voile derrière lequel se cachent les agitateurs ; elle permet de saisir leur main au moment où elle est encore dans la pâte des révolutions.

Depuis qu'il n'est plus permis de nier, on cherche à atténuer, à excuser ; et parmi ces moyens d'atténuation, parmi ces voies d'excuse, il en est de fort étranges.

L'auteur des *Martyrs*, pour affaiblir la trop juste horreur que doivent inspirer les violences excercées de nos jours contre les protestants méridionaux, s'est plu à traiter la Saint-Barthélemy et les dragonades, comme il a traité en général le christianisme, c'est-à-dire, en romancier.

Il donne à l'histoire un de ces démentis qui ne coûten tplus rien aujourd'hui; et il se met à la suite de l'abbé de Caveyrac, lui qui devrait se tenir à la tête des écrivains de l'époque actuelle. Mais il s'égare dans cette entreprise qui n'est pas selon la charité; il ne s'aperçoit pas qu'un des moyens employés par lui, pour faire entendre que les macsacres de la Saint-Barthélemy ont été peu de chose, devient une espèce d'outrage fait au saint-siège.

En effet, ne pouvait-il pas supposer un moment, dans les auteurs des lettres chiffrées qu'il appelle au secours de l'abbé de Caveyrac, l'intention de diminuer le nombre des victimes et d'adoucir l'horreur des attentats, pour ménager l'humanité de la cour de Rome? Cette tactique est-elle si inconnue de nos jours? et n'est-ce pas en niant, en atténuant, en excusant, qu'on a cherché, qu'on est parvenu quelquefois à trom-per la religion de ceux qui, investis d'un grand pouvoir, n'avaient point divorcé avec l'huma-nité, ainsi que la plupart des ambitieux qui brûlaient de monter à leurs places?

Ce n'est pas tout encore : au massacre géné-ral de la Saint-Barthélemy, l'auteur du *Génie du christianisme* oppose deux massacres anté-rieurs qui eurent lieu contre les catholiques dans la ville de Nîmes, et il ajoute que les ca-tholiques n'usèrent point de représailles dans cette journée dont l'illustre l'Hôpital a dit : *Excidat illa dies.*

Mais la sagacité de l'auteur n'est-elle pas ici en défaut? n'aurait-il pas dû se douter que, dans ces deux massacres, les protestants avaient si bien su choisir leurs victimes, qu'ils n'eurent plus à craindre de bourreaux ?

Eh quoi! c'est donc à de pareilles considé-rations qu'on se trouve réduit de nos jours! Quoi, les assassinats figureraient dans une es-pèce de balance commerciale dont on pourrait un jour réclamer le solde!

Toutefois cette demie apologie de la Saint-Barthélemy imaginée, en apparence, à propos de M. de Malesherbes, l'un des plus illustres défenseurs des protestants opprimés, n'était que préparatoire ; et le soin d'arranger le récit des derniers troubles de Nîmes a été confié à une plume bien inférieure, qui, elle-même, s'est aidée d'une lettre dont le style pourrait bien être pris pour celui de Trestaillon, à moins qu'on n'aime mieux y reconnaître ce *laisser aller*, cette négligence qui a pu être de bon ton autrefois, mais qui certainement ne l'est plus aujourd'hui.

Leur but est de tromper l'opinion publique sur les troubles récemment survenus à Nîmes; car certains hommes prétendent que la proposition de M. Barthélemy, si bien qualifiée de *perturbatrice*, par M. Lanjuinais, n'a pu être la cause des nouvelles violences exercées contre les protestants.

Ils veulent absolument ces hommes de mauvaise foi, aussi opiniâtres dans leurs préjugés du jour, que dans ceux de la veille ; ils veulent, dis-je, qu'elle n'ait produit d'effet nulle part, pas même dans la capitale où, à la vérité, elle surprit la pensée, peut-être plus encore qu'elle n'alarma les intérêts. A Paris d'ailleurs on fut plus immédiatement et plus tôt rassuré que dans les départements, tant par l'attitude du gouvernement que par la connaissance qu'on eut aussitôt des dispositions de la seconde

chambre. Cette proposition aurait moins étonné dans la bouche d'un de ces nobles pairs
de la vieille roche, qui probablement ne se
doutent guères que la nouvelle pairie est au-
dessus de l'ancienne par son importance
réelle, comme par la considération qui s'at-
tache de jour en jour à cette dignité ; mais
qu'un homme sorti des rangs de la petite
bourgeoisie, et que la révolution a particu-
lièrement illustré, qu'un homme dont la
modération ne s'est jamais démentie, se soit
rendu l'organe d'un parti décrié, qu'il se soit
mis ainsi en opposition avec lui-même, avec
sa réputation acquise ; voilà ce qui confond
toutes les idées ; voilà ce qui ne saurait s'expli-
quer que par une de ces méprises où tombent
quelquefois des hommes dont le jugement,
encore plus affaibli par l'âge qu'intimidé par
leurs souvenirs, cède avec trop de facilité aux
instances qui leur sont faites dans des vues qu'on
a soin de leur présenter comme souverainement
utiles.

La conduite de l'honorable pair dans cette
circonstance de sa vie politique ne saurait être
autrement justifiée. Sans doute, il eût reculé
devant son ouvrage, s'il avait pu en conjec-
turer le résultat ; s'il avait pu prévoir que toute

la France en serait émue, que des troubles dangereux, que la guerre civile peut-être allait être lancée au milieu de la nation. Mais la chambre des députés a dignement répondu à l'attente des bons citoyens, et cette fois encore, les longues manœuvres des agitateurs ont été déjouées par le bon sens et le patriotisme.

Plusieurs des défenseurs de la proposition avaient feint d'ignorer, avaient même révoqué en doute la funeste sensation qu'elle produisit d'abord sur le crédit public, la fermentation et les vives inquiétudes qu'elle fit naître dans les départements ; on osa même traiter de *jongleries* l'exposé que les ministres du roi firent dans les deux chambres, de tous les maux actuels et de toutes les craintes qu'on pouvait raisonnablement avoir sur l'avenir. Eh bien, l'événement a justifié ces craintes, l'événement a montré quels pourraient être ces maux ; un démenti complet a été donné aux dénégateurs ; et ce démenti est d'autant plus cruel pour eux, qu'il est parti d'une ville où l'on ne passe pas pour être fortement attaché au gouvernement constitutionnel.

Dès que la proposition de M. Barthélemy

fut connue à Nîmes, les deux partis, comme partout ailleurs, en devinèrent d'abord l'intention secrète. Cette proposition, malgré l'exiguité de son développement, fit sur les habitants de cette ville des impressions diverses. Les hommes des deux communions, qui sont en même temps amis du roi, de la charte et de la paix, en conçurent de vives alarmes : les autres, au contraire, ne purent contenir les élancements de leur joie. Leur imagination se remit à créer pour la centième fois un avenir dans lequel ils s'obstinent à placer le retour d'un régime que la France entière a répudié.

Cette joie tumultueuse était entretenue par des bruits sinistres qu'on avait eu soin de répandre dans tout le midi : tactique usée, mais qui produit toujours son effet dans une ville où les passions ont acquis une intensité effrayante ; tactique au moyen de laquelle on espère que, d'une agitation temporaire et locale, on fera sortir une subversion générale ; et que d'un petit souffle de vent échappé à l'un des quatre points cardinaux quelconques, il naîtra une tempête par laquelle enfin la face entière du royaume sera renouvelée ; fondant ainsi de longues espérances sur ce dicton que de petites causes ont produit quelquefois de grands effets.

On fabriquait des lettres qu'on disait être arrivées de Paris par estafettes ; ces lettres annonçaient soit la mort du roi, soit un soulèvement dans la capitale, soit le changement des ministres actuels.

En même temps, un prédicateur connu, M. de B...., chanoine de Lyon, qui prêche cette année le carême à l'Hôtel - Dieu de Nîmes, méconnaissant le véritable esprit de son ministère, qui doit être tout de paix, de conciliation, de bienveillance et d'amour, augmentait l'irritation des esprits par des discours auxquels la révolution sert presque toujours de texte, discours armés d'hyperboles qui ne sont pas du tout évangéliques, et semés d'allusions malignes contre les ministres du roi et contre tous ceux qui ne prennent pas le *Conservateur* pour régle de leurs opinions politiques et même religieuses.

D'un autre côté, ce refrain connu : *Lavarén nouestri mans din lou' san dei proutestans* (1) avait subi une variante, et l'on chantait:

____

(1) Nous laverons nos mains dans le sang des protestants.

Daou san deis enfans dé Calvin farén dé boudin (1).

L'effervescence était accrue par l'arrivée du colonel Magny, dont les sentiments exagérés sont bien connus, et qui, sans avoir pris part aux événements, a cependant eu le tort de se montrer dans les lieux publics avec le trop fameux Aurillon ; le même qui avait pris le nom de baron d'Orillon, et qui, en juin 1817, commandant une compagnie à Saint-Geniez-de-Laval, près de Lyon, jouait aux boules avec la tête d'un enfant de seize ans, guillotiné pour délits politiques, en exécution d'un jugement de la cour prévôtale. Cet *Aurillon* a été destitué depuis ; et il est à remarquer que le colonel Magny n'a pas été le seul à lui faire bon accueil ; il a reçu des invitations de la part de quelques sociétés brillantes de Nîmes, et même, à ce qu'on dit, pour le bal de la commune.

Une autre circonstance, qui en elle-même est fort simple, peut avoir contribué à faire fermenter les têtes, je veux dire le passage et le court séjour, à Nîmes, de M. de Richélieu,

____

(1) Du sang des enfants de Calvin nous ferons des boudins.

accompagné de M. le général Brozine , aide-de-camp de l'empereur de Russie. On s'accoutume trop facilement , dans certaines villes de province , à prêter des motifs de politique aux moindres déplacements des grands personnages.

D'autre part, le défaut de travail , qui, depuis un mois , a réduit près de quatre cents ouvriers à l'inaction et à la misère ; le départ pour Toulon d'un régiment suisse , qui tenait garnison à Nîmes , et qui n'avait été remplacé que par une centaine d'hommes d'infanterie , durent singulièrement favoriser l'explosion.

Dès le 4 mars , les compagnies de cette garde nationale qui, organisée en 1815 , a été dissoute en juillet 1818, furent inspectées dans des maisons particulières. On donna 12 francs à chacun de ceux dont les armes furent trouvées en bon état, et cette largesse devint assez considérable.

On assure que des cartouches furent distribuées dans chaque paroisse et que la plupart des catholiques en état de porter les armes avaient 50 coups à tirer. Les protestants , de leur côté , n'étaient pas dans l'intention de se laisser égorger comme en 1815 ; mais ils se tenaient sur la défensive , tandis que leurs adversaires épiaient l'occasion de commencer l'attaque.

Ils crurent avoir trouvé cette occasion dans l'arrivée de M. Huet, acteur du théâtre Feydeau ; en conséquence, ils firent circuler le bruit que cet acteur serait sifflé par les protestants.

Le théâtre de la ville de Nîmes est fréquenté et soutenu seulement par les libéraux des deux religions. Les catholiques ultra de la haute classe n'aiment pas les spectacles.

On ne fut donc pas médiocrement étonné de voir affluer au parterre des porte faix, des ouvriers et des travailleurs de terre, sous la conduite du féroce Trestaillon (1) porte faix, de Trufémy, boucher, de Sac-à-Merd....., porte faix, qui tous, ainsi que la plupart de leurs affidés, avaient le pantalon de la garde nationale dissoute et une énorme cocarde de papier blanc.

-----

(1) *Très-taillons;* ce sobriquet signifie *trois morceaux;* celui qui le porte avait coutume de dire qu'il couperait les Buonapartistes et les protestants en trois morceaux; Graffand, d'Uzès, renchérissant sur lui, voulait les couper en quatre, et il fut surnommé *Quatre-taillons.*

De l'argent avait été distribué à cette horde de prolétaires, tant pour entrer à la comédie, que pour boire et pour faire boire ceux de leurs camarades qui se trouvaient sur le boulevard voisin du théâtre.

M. Huet, qui dans sa tournée du midi, s'est conduit avec beaucoup de circonspection et de prudence, (1) et qui, suivant ces expressions consignées dans le journal de Paris du 24 mars, « *placé dans une position délicate a su faire à ses devoirs de bon citoyen et d'ami de l'ordre, le sacrifice de ses intérêts comme de ses succès,* en arrivant à Nîmes s'était trouvé indisposé et n'avait été en état de jouer que le dimanche 7 mars.

Les pièces annoncées étaient *Gulnare* et *Jean de Paris.* Aussitôt que M. Huet parut

---

(1) A Bordeaux, à Toulouse, à Montpellier, M. Huet s'est refusé prudemment à commencer le cours de ses représentations par les pièces dans lesquelles il pouvait se montrer d'abord avec le plus d'avantages, comme acteur, mais dans lesquelles aussi l'esprit de parti aurait pu trouver des allusions et un aliment aux provocations dangereuses. Il a recueilli le fruit de cette conduite mesurée dans des applaudissements d'autant plus flatteurs qu'ils ont été unanimes, malgré les préventions qu'il avait à redouter.

en scène, les prolétaires qu'on avait fait entrer dans la salle, se mirent à pousser ces cris tumultueux qui préludaient aux assassinats en 1815, et par lesquels on les chantait ensuite comme une victoire. On pouvait distinguer parmi ces cris des acclamations non encore entendues (1), entr'autres celle-ci : *Vive Charles X.*

Les spectateurs paisibles, l'acteur lui-même furent vivement alarmés. Néanmoins le spectacle continua ; et loin de donner aucun signe d'improbation, les protestants applaudirent au talent de l'acteur. Ce n'était pas là ce qu'on voulait.

Après la première pièce, les pertubateurs à gages entrèrent dans le café attenant à la salle de la comédie : on leur distribua des boissons

____

(1) M. Huet n'a plus voulu reparaître sur un théâtre où on voulait qu'il servît de prétexte aux désordres. M. de Chazelles, préfet par *intérim*, avait d'abord exigé qu'il jouât le jeudi suivant dans *Richard cœur de Lion;* il avait ensuite consenti que cette pièce ne fût donnée que le vendredi. M. Singier, directeur du spectacle, et M. Huet cherchaient ainsi à gagner du temps ; mais ce dernier, voyant que la tranquillité ne se rétablissait point, partit dans la nuit du 12 avec des chevaux de poste qu'il avait fait prendre sous un nom supposé, parce qu'on avait défendu de lui en donner.

de toute espèce. Ils revinrent ensuite dans la salle pour recommencer leurs manœuvres tumultueuses.

Lorsque M. Huet reparut dans la seconde pièce, au moment où il chantait le duo : *Rester à la gloire fidèle*, etc., ils lui jetèrent deux couronnes de laurier et une de lis qui était énorme. On voulut qu'il posât cette dernière couronne sur sa tête. Il n'en fit rien ; craignant que cette énergique et singulière démonstration ne devînt le signal des excès qu'on redoutait. Dès ce moment son trouble fut tel que la pièce ne put être achevée qu'avec une peine infinie.

Les perturbateurs, voyant que ces provocations dirigées contre les protestants ne produisaient aucun résultat, sortirent, et, se réunissant à ceux de leurs camarades qui étaient restés aux environs de la salle, ils formèrent sur la place de la maison carrée un attroupement qui fut bientôt de trois ou quatre cents séditieux. C'était tout ce que la population de Nîmes pouvait fournir de plus abject et de plus méprisable.

Les uns criaient : *Vive le Roi, vivent les Bourbons ou la mort ;* d'autres *vive Charles X ou la mort.* Quelquefois on entendait l'aimable refrain que nous avons déjà cité ; puis on s'écriait : *Il ne paraîtra donc pas de grilleurs !* (1) *nous n'en voyons aucun... : qu'ils viennent les b.....*

Le commissaire de police et la gendarmerie s'étant rendus sur les lieux, firent de vains efforts pour ramener à l'ordre et pour dissiper cette populace furibonde. On ne répondait à leurs sommations réitérées que par les cris de *vivent les Bourbons ou la mort.* Aucun protestant ne se présenta sur la place.

Les autorités civiles et militaires, informées de ce qui se passait, vinrent essayer sur ces mutins la voix du devoir ; elle fut impuissante ; les mêmes cris redoublèrent.

Une patrouille de la légion des Basses-Alpes fut assaillie par une grêle de pierres, et rentra dans le corps-de-garde de la place, sans opposer de résistance.

La police était cependant parvenue à faire arrêter un des mutins, qu'on déposa au corps-de-garde ; mais la populace menaçante réclama

-----

(1) On entend par *grilleurs* tous ceux qui ne sont pas *ultra*.

le prisonnier et se permit des voies de fait. Quatre militaires, faisant partie de la force armée, reçurent des coups de pierre et des coups de bâton.

Quoiqu'en petit nombre, les soldats se rangèrent alors en bataille devant le corps-de-garde, mais on continuait à demander le prisonnier avec fureur et aux cris mille fois répétés : *les Bourbons ou la mort.* La troupe ne cessait pas de faire bonne contenance, et opposait le plus grand calme aux provocations des perturbateurs, lorsqu'un agent de police, de son propre mouvement, pénétra dans le corps-de-garde, et, prenant le prisonnier par la main, le rendit à cette multitude effrénée dont la joie éclata par des hurlements affreux, qui se prolongèrent jusques vers minuit.

On reproche à M. de Chazelles-Chusclan, conseiller de préfecture, remplissant par *interim* les fonctions de préfet, ainsi qu'à M. de Laboissière, maire, qui se promenèrent longtemps sur la place même, de s'être bornés à quelques sollicitations, et de n'avoir fait aucun acte d'autorité pour dissiper cet attroupement. Toutefois, l'absence d'une force armée suffisante pour appuyer des mesures répressives, qu'à un certain point, servir d'excuse à l'inertie de ces deux magistrats.

Quoi qu'il en soit à cet égard, les mouvements séditieux de la place de *la Maison carrée*, où aucun protestant ne s'était montré, comme nous l'avons dit, se combinaient avec les désordres et les voies de fait auxquels les perturbateurs se livraient dans différents quartiers de la ville, où ils purent atteindre leurs victimes.

Un grand nombre de personnes furent attaquées, battues, maltraitées ou poursuivies à coups de pierres et de bâtons; on peut citer entr'autres les sieurs Lichère, dont le père a été massacré en 1815; Audigier, Chaband, tafetassiers; Gros fils, Fatger, propriétaires; Belin, ouvrier; et Toutin, limonadier. Le domicile de quelques citoyens fut violé.

M. le général de Pange, dont le zèle est digne des plus grands éloges, et qui semblait ne pas se rappeler un seul moment le sort de l'infortuné général Lagarde, expédia dans la nuit, à Montpellier, un courrier au général Briche, commandant la division.

Le lendemain 8, de nouveaux rassemblements se formèrent sur le boulevard, et les cris accoutumés se firent entendre. M. de Pange, à la tête de la gendarmerie, fit faire des patrouilles qui, sans parvenir à dissiper les malveillants, leur inspirèrent au moins une certaine crainte.

Dans la soirée du 9, l'affluence du peuple fut la même que la veille. Les prolétaires catholiques occupaient le boulevard depuis le pont de la *Bouquerie* jusqu'à l'église dite des *Récollets*, tandis que les protestants des classes inférieures, se montrant réunis pour la première fois, remplissaient l'allée de droite du *Quai de la Fontaine*. La plupart étaient armés de gros bâtons, comme leurs adversaires ; des femmes s'étaient mêlées parmi eux. Tout-à-coup, ces cris : *Arrête, on veut me crucifier, à la garde !* partent du côté des protestants, et font cesser le calme apparent qui avait régné jusques-là.

Les autorités se portent vers ce point ; la confusion y devient générale, et les auteurs de cette rumeur échappent aux recherches. Cependant la gendarmerie n'eut pas de peine à faire rentrer dans leurs domiciles les protestants qui s'étaient rassemblés sur le quai ; mais devait-elle s'arrêter-là ? Il restait à dissiper les attroupements du boulevard. Quelques tentatives commencées furent mal soutenues ; et le rassemblement des catholiques ne se dispersa qu'à dix heures et demie. Il y avait une heure que les protestants s'étaient paisiblement retirés.

Cependant aucune force militaire n'avait pu encore arriver à Nîmes, et la fermentation devenait toujours plus menaçante; et les bruits les plus absurdes étaient répandus avec une profusion toujours plus ridicules et accueillis avec une facilité toujours plus déplorable; et tous les symptômes qu'on avait sous les yeux annonçaient des jours semblables à ceux de 1815 ou de 1790, et jetaient l'épouvante dans l'âme de tous les honnêtes gens.

Le 11, le *Moniteur*, fit connaître la nomination des nouveaux pairs. Cette nouvelle parut frustrer les espérances des principaux agitateurs et déconcerta un moment leurs projets. Le même jour, cinquante hommes de cavalerie et autant d'infanterie entrèrent dans la ville. Alors, M. de Chazelles prit l'arrêté suivant, qui ne fut pourtant publié que deux jours après, avec celui du maire dont la date est du 12.

Le doyen du conseil de préfecture, préfet du Gard par *interim*,

Considérant que depuis quelques jours des gens armés, la plupart de gros bâtons, se rassembleut sur la place de la Maison-Carrée, à Nîmes, et sur les boulevards voisins; qu'ils y restent en se promenant par groupes, plus ou moins nombreux, jusqu'à dix heures du soir, et que ce n'est pas sans peine que les autorités réunies parviennent, chaque soir, à dissiper ces rassemblements;

Considérant que, quoique les lieux où ils se forment soient consacrés à la promenade publique, les provocations et les rixes individuelles qui ont eu lieu les 7 et 8 de ce mois, et dont le ministère public s'occupe à poursuivre les auteurs, sont les indices d'une fermentation qui pourrait avoir les suites les plus funestes, si l'administration ne s'empressait de les prévenir en faisant cesser des rassemblements aussi propres à accroître cette irritation des esprits qu'à inquiéter les citoyens paisibles;

Considérant que, d'après les articles 479 et 480 du Code pénal, les auteurs ou complices de bruits ou tapages injurieux ou nocturnes, troublant la tranquillité des habitants, sont punissables d'une amende de 11 à 15 fr., et même, selon les circonstances, de la peine d'emprisonnement pendant cinq jours; et que, d'après l'article 215 du même Code, les personnes qui se trouveraient munies d'armes cachées, et qui auraient fait partie d'une troupe ou réunion non réputée armée, seront individuellement punies, comme si elles avaient fait partie d'une troupe ou réunion armée.

Arrête :

Art 1er. Les rassemblements d'individus au nombre de plus de dix, sur les places, promenades ou dans les rues, faubourgs et carrefours de la ville de Nîmes, avec ou sans armes quelconques, ou bâtons, sont expressément défendus jusqu'à nouvel ordre.

2. Sera considérée comme attroupement séditieux et puni des peines déterminées par les lois, tote réunion contraire aux disposition s de l'article précédent.

3. Les patrouilles ayant à leur têtes un commissaire ou agent de police, seront chargées, d'après les ordres qui en seront donnés par M. le commandant de la force armée de ce département, de parcourir la ville de Nîmes, et d'arrêter sur-le-champ tous ceux qui feraient partie d'un attroupement, ainsi que les individus qui, quoique marchant isolés ou au nombre de dix seulement, porteraient de gros bâtons ou des armes cachées, ou qui provoqueraient le trouble par des vociférations quelconques.

4. Le présent sera imprimé, publié et affiché dans la ville de Nîmes, etc.

Signé, comte DE CHAZELLES-CHUSCLAN.

Le maire de la ville de Nîmes, vu l'arrêté de la préfecture de ce département, du 11 de ce mois;

Considérant qu'il importe de rappeler quelques dispositions de police adoptées par l'autorité dans des circonstances pareilles à celle qui se présente aujourd'hui, afin de seconder et assurer l'exécution de celles prescrites par l'arrêt précité.

Arrête:

Art. 1er A compter de ce jour, la retraite ou *couvre-feu* sera sonnée à neuf heures du soir jusqu'à nouvel ordre.

2. Les cafés, cabarets, billards et autres lieux publics, seront vidés et fermés immédiatement après la fin du *couvre-feu*.

3. Tout café, cabaret, billard, etc., qui sera trouvé ouvert par récidive après l'heure fixée par l'art. 1er, sera, indépendamment de la peine que le propriétaire aura encourue par sa première désobéissance fermé, par mesure de police administrative.

4. Il est ordonné à tous propriétaires ou

locataires des maisons particulières de fermer leur porte d'entrée à dix heures du soir, sous peine d'être déférés au tribunal de police municipale.

5. Les commissaires de police sont chargés de veiller à l'exécution rigoureuse des dispositions ci-dessus, et de dresser procès-verbal de toutes les contraventions qu'ils découvriront.

6. Le présent arrêté sera soumis à l'approbation de M. le préfet du département.

7. Il sera, après l'approbation, imprimé à la suite de celui précité de la préfecture.

Fait à Nîmes, le 12 mars 1819.

Pour ampliation: *Le maire de Nîmes,*
LABOISSIÈRE.

Vu et approuvé: *Le doyen du conseil de préfecture, préfet par interim,*
comte DE CHAZELLES-CHUSCLAN.

Un changement dans la disposition des esprits paraissait probable. Les deux points du rassemblement étaient restés déserts jusqu'à huit heures du soir. Les hommes notables des deux communions avaient, à ce qu'il paraît, profité de leur influence pour engager leurs co.réligionnaires à rester chez eux. Mais vers les huit heures environ ; la foule arrive spontanément sur le boulevard et sur le quai ; les rassemblements se forment de nouveau ; les deux partis se retrouvent en présence.

Un agent de police crut sans doute utile de faire savoir à M. le préfet par *interim* , qu'un café, situé sur le quai et fréquenté des protestants, était en ce moment rempli de buveurs. Ce magistrat ordonna que le café fût immédiatement fermé. Le colonel de la gendarmerie et un adjudant de place firent mettre cet ordre à exécution.

M. de Chazelles eut dans cette circonstance un tort réel. L'ordre de fermer ce lieu de réunion aurait dû s'étendre aux autres cafés des promenades publiques également remplis de monde. Cette mesure partielle qui mécontenta les protestants , pouvait enhardir leurs ennemis et avoir les suites les plus funestes.

Vers les neuf heures du soir , six individus se retiraient fort tranquillement, lorsqu'arrivée dans la rue des *Chassuites* , ils furent assaillis à coups de pierres par une vingtaine d'hommes, tandis qu'un nombre à-peu-près aussi considérable, venant du côté du cours neuf, les prit en tête et fit sur eux la même décharge en criant : *Sarre-sarre , voici des grilleurs , il faut les tuer.* Quelques-uns de ces citoyens furent atteints, et tous parvinrent à s'enfermer dans la maison de l'un des six.

Toutefois des patrouilles de cavalerie parvinrent enfin à dissiper les attroupements. Mais la crainte d'une catasprophe prochaine, inévitable durait toujours ; de noires inquiétudes obsédaient toujours les esprits.

Le 13, les arrêtés du préfet par *interim* et du maire furent publiés à trois heures de l'après-midi, et l'arrivée de quatre cent cinquante hommes de troupes imposa aux perturbateurs. Les lieux de rassemblement furent déserts et la tranquillité la plus parfaite règne dans la ville.

Le dimanche 14, il y eut encore un attroupement que la force armée, commandée par M. le général de Pange, fit rentrer promptement dans l'ordre ; néanmoins, les attroupés dirent en se retirant que le dimanche 21 ils seraient en plus grand nombre, et qu'ils viendraient avec leur uniforme de gardes nationaux.

Le 19, M. d'Haussez, nouveau préfet du Gard, arriva ainsi que M. le général Briche, avec deux cents sapeurs de la garnison de Montpellier.

Le 20, la destitution de M. de Chazelles (1)

____

(1) M. le comte de Chazelles est fils de M. de Cha-

lui fut notifiée, et M. Cavalier, ex-procureur-général de la cour royale, nommée maire en remplacement de M. Laboissière, fut installé dans ses fonctions.

La journée du 21 fut tranquille, malgré les menaces des polétaires, malgré les mouvements que les instigateurs s'étaient donnés pour soulever les villages catholiques de Margue-rites, Courbesac, Bouillagues, Rudesans, Manduel, Monfrain, Remoulin et autres, en répandant le bruit, comme en 1790, que les catholiques étaient menacés par les protestants.

Dans la nuit du 24 au 25, une patrouille de la garnison, passant dans une des bourgades où les protestants sont en plus grand nombre,

---

zelles, conseiller à la cour des aides de Montpellier, et né hors mariage, d'une femme des classes inférieures qui était au service de son père. Sur l'invitation *pressante* du comité révolutionnaire de Chusclan, M. de Chazelles épousa cette femme et reconnut son fils. Ainsi. M. de Chazelles doit son état de légitimité à une autorité illégitime. Il a épousé la fille unique de Fabre (de l'Hé-rault) qui vota la mort de Louis XVI, sans appel, et qui siégea constamment à la montagne. Le conventionnel Fabre fut envoyé à l'armée des Pyrénées-Orientales, et fut tué le 12 janvier 1794, en combattant les Espagnols.

fut assaillie à coup de pierres ; deux des assaillants furent arrêtés et seront jugés.

Les officiers en retraite n'avaient point échappé aux agressions des perturbateurs. Ceux-ci entrèrent un soir dans un café où d'anciens militaires ont loué pour leur réunion une pièce particulière dans laquelle les camarades de Trestaillon voulurent pénétrer. Le sieur Martin, officier en retraite, qui était tranquillement assis, leur fit observer que cette pièce était louée, ajoutant qu'ils pouvaient boire tout aussi bien dans la première pièce d'entrée. Ils répondirent avec fureur qu'ils voulaient boire dans la même chambre que lui. Le sieur Martin, se levant à ces mots, leur répondit que le premier qui ferait mine d'entrer, irait boire dans la fontaine. C'est une grande pièce d'eau auprès de laquelle se trouve le lieu de la scène que nous retraçons. Les malintentionnés étaient au moins quinze, et le sieur Martin était seul.

Ils se retirèrent et vinrent porter plainte au maire qui se promenait avec confiance au milieu de l'attroupement, et lui dirent qu'on leur avait refusé à boire et qu'on les avait insultés. Le maire s'avança vers le café, et près de deux mille personnes le suivirent.

Le sieur Martin représenta au maire que c'étaient ces gens-là qui l'avaient insulté lui-même ; et ayant aperçu au milieu du rassemblement le principal orateur de la bande, il fondit dessus, le prit dans ses deux mains comme un petit enfant, vint le poser debout devant le maire, et dit : *le voilà celui qui m'a insulté.* Le maire ne put s'empêcher de faire arrêter cet homme ; mais les séditieux se mirent de suite à crier : Eh bien, nous reviendrons demain en force, et nous verrons si nous ne pourrons pas entrer.

Les officiers en retraite se rendirent le lendemain à ce café, bien armés et les attendirent dans leur cercle, la porte ouverte. Il y eut bien deux ou trois mille prolétaires rassemblés pour l'attaque annoncée ; mais aucun d'eux n'osa franchir le seuil de la porte.

Cependant, à la première nouvelle des nouveaux désordres de Nîmes, un grand nombre d'habitants de la *Vaunage* et de la *Gardonen-que* étaient descendus dans cette ville. Ils s'étaient présentés devant un magistrat (1) connu par sa modération et par le courage qu'il a dé-

____

(1) M. M***, conseiller à la cour royale.

ployé dans le temps des massacres de 1815 :
« Nous ne voulons que la paix, lui avaient-ils
» dit, et nous ne songeons point à venger le
» sang de nos frères ; mais, si de nouveaux
» dangers nous menacent, les habitants de Cé-
» vennes ne baisseront plus la tête devant leurs
» bourreaux. Armés par le désespoir, nous
» descendrons de nos montagnes, si le salut
» de nos frères le demande : malheur aux ca-
» tholiques de Nîmes, si le sang d'un seul pro-
» testant coule dans leurs murs ! »

Pour apprécier cette menace, peut-être
n'est-il pas inutile de jeter un coup d'œil sur
la population des Cévennes et sur l'esprit qui
l'anime. C'est une des parties de notre France
qui ne sont encore qu'imparfaitement connues.

On retrouve chez les paysans des Cévennes
le caractère général de tous les montagnards,
l'amour de l'indépendance ; mais des circonstances particulières en augmentent singulièrement l'énergie. A cette fierté, qu'ils partagent
avec les autres paysans du midi, ils joignent
une rectitude de sens peu commune.

Les principes des Albigeois trouvèrent dans
ces montagnes des âmes fatiguées du joug avi-
lissant de la superstition, des cœurs tout prêts
à s'ouvrir aux sentiments les plus purs que l'é-

vangile inspire, et une raison qui pouvait se contenter des formes simples et sévères du christianisme naissant. La doctrine de Calvin fut semée sur cette terre que déjà les flammes de la persécution avaient fécondée, et nulle part peut-être on ne trouve un peuple plus éminemment religieux.

Tandis que le paysan catholique ne peut en quelque sorte associer à ses travaux aucun souvenir de morale ou de religion, et qu'il y apporte tout au plus les images bientôt effacées du culte extérieur, le paysan des Cévennes, dans ses champs, dans ses vignes, dans ses forêts de châtaigniers, dans les pâturages où il garde ses troupeaux, nourrit sa pensée des paroles de l'évangile et des chants des psaumes qui sont devenus siens, parce qu'il les chante dans une langue qu'il entend. Dans ces paroles, dans ces chants sacrés, il trouve tout ce qui peut convenir à sa situation présente : la résignation, quand elle est commandée par le devoir ; le courage, quand il est appelé par l'excès de l'oppression.

La Bible que, parmi les catholiques, à l'exception des ecclésiastiques et de quelques littérateurs, on ignore parfaitement, fournit quelquefois des sujets de conversation aux paysans des Cévennes, et, dans les temps de troubles, elle devient un arsenal redoutable où se trouvent toutes forgées les armes religieuses.

Les paysans vendéens sont religieux aussi; mais leur fanatisme est, pour ainsi dire, toute servile; ils n'ont point trouvé de chef dans leurs propres rangs; ils n'auraient pas su obéir au plus habile d'entre eux; et, en appelant à leur tête leurs anciens seigneurs, ils ont peut-être empêché leur insurrection d'obtenir de plus importants résultats.

Il n'en est pas ainsi des habitants des Cévennes. Les chefs ne leur manqueraient point, aujourd'hui surtout que l'instruction est beaucoup plus répandue. *Cavalier*, de garçon boulanger devint prédicant, de prédicant, chef d'une multitude d'enthousiastes dont les succès causèrent de l'embarras au despotisme de Louis XIV, et contraignirent ce monarque à faire marcher enfin contre eux un des derniers et des plus illustres soutiens de sa gloire, le maréchal de Villars. Et le maréchal ne put les dompter; il ne put qu'amener leur chef à se laisser lier par des propositions et une capitulation honorable. Veut-on exposer quelqu'un de nos généraux à traiter avec un nouveau Cavalier?

Que dis-je? Un nouveau Cavalier! Il s'en trouverait vingt, il s'en trouverait trente.

Oh! que ce serait une chose bien étrange qu'une guerre de religion suscitée à de vrais croyants par des hommes qui ne font semblant de croire, que pour couvrir d'un manteau respectable leurs regrets et leurs prétentions! Certes, s'il est un dernier scandale réservé au siècle des lumières, ce pourrait bien être celui-là.

Mais écartons de notre pensée ce pressentiment sinistre, et croyons qu'il en sera de ces nouvelles manœuvres, comme des projets les plus ambitieux de la même faction, toujours destinés à n'avoir point d'avenir. Il résultera pour elle de ces dernières intrigues ce qui est résulté de toutes les autres. Quelques-uns des intérêts divers qu'ils ont l'art de faire intervenir quelquefois dans leur cause, s'en détacheront encore, et leurs rangs s'éclairciront de plus en plus : les agitations qu'ils préparent avec tant de persévérance et de soin produisent, si l'on peut employer cette comparaison, l'effet d'autant de cribles, qui les dégageant du bon grain avec lequel ils parviennent souvent à se confondre, les laissent passer au travers, ainsi que des semences avortées, avec la poussière qui s'était agglomérée autour d'elles; ou, en d'autres termes, ils restent seuls dans l'arène avec quelques poignées de sicaires qu'ils seront forcés eux-mêmes de restituer au glaive de la loi.

Hélas! en traçant les attentats dont les habitants honnêtes de Nîmes ont eu de nouveau à gémir, un souvenir douloureux obsédait ma pensée. L'image de Marseille, de cette cité chère à mon cœur, se présentait à moi, non plus comme en 1814, dans le tumulte charmant d'une joie que tant de peines avaient précédée, non plus dans cet enivrement contagieux d'un bonheur que l'on croyait durable, non plus dans cette effusion ravissante des sentiments les plus doux de patrie et de famille, d'amitié et de concorde ; mais telle que d'imprudents agitateurs l'avaient faite, telle qu'elle apparut dans les trop fameuses journées du 25 et du 26 juin 1815, lorsque le char sanglant de la mort, annoncé au loin par le tintement lugubre d'une énorme sonnette, et surmonté d'un drapeau blanc, passait dans les rues pour recueillir les cadavres des victimes, et que des cris, devenus alors l'effroi des honnêtes gens, rompaient le silence de la consternation et insultaient au deuil des familles et de la patrie.

Voilà donc, me disais-je, voilà le fruit de ces menées sourdes, de ces intrigues mystérieuses, de ces fausses nouvelles, de ces joies si souvent trompées, de ces espérances mensongères! C'était à peu près ainsi, qu'en abusant un peuple indigné contre un colosse abattu, on voulait peu à peu le ramener sous le joug d'une légion de tyranneaux. C'était ainsi que des cultivateurs, égarés par leur haine contre l'homme qui leur avait enlevé leurs enfanst, étaient entraînés à combattre sous les ordres de quelques hobereaux, qui ne songaient à se servir de leurs bras que pour les pousser par eux-mêmes hors de la place où un nouvel ordre de choses les a mis. C'était ainsi qu'on prétendait imposer les chaînes, depuis long-temps usées, de la féodalité à ces mêmes mains qui secouaient encore avec transport les fers brisés du despotisme impérial, ces fers qui du moins avaient été dorés par la victoire!

En effet, on ne peut méconnaître dans ces derniers troubles de Nîmes, comme dans tous les troubles du midi, l'œuvre criminelle de la faction oligarchique qui, pour empêcher la délivrance de notre territoire, a porté le délire au point de calomnier la nation entière aux yeux des puissances, dans des notes secrètes; attentat dont, jusqu'à ce jour, nos annales n'a

vaient pas offert d'exemple ; de cette même
faction qui insulte périodiquement, par l'en-
tremise des journanx anglais, le gouvernement du Roi, les ministres, les premiers corps
de l'état, et tout ce que la France présente
d'hommes plus recommandables par leurs lumières et leur patriotisme ; de cette même faction que l'ordonnance du 5 septembre déconcerta, que la loi du 5 février mit aux abois,
et que le rejet de la proposition de M. Barthélemy a réduite au désespoir.

[FIN.]